박규빈 글·그림

제주도에서 태어나 서울에 올라와 한에서 문예창작을 공부했습니다. 이른 문학을 배우며 어느 날부터 그림책을 다시 만나게 되었습니다. 그림책을 더 알고 싶은 마음에 '한겨레 그림책 학교'에 들어가 그림책을 공부했습니다. 지금은 더 풍성하고 재미있는 이야기를 세상과 나누기를 꿈꾸며 그림책 작가로 살고 있습니다. 쓰고 그린 책으로 《형이 태어날 거야》《왜 먹어야 돼?》《왜 맞춤법에 맞게 써야 돼?》《까마귀가 친구하자고 한다고?》가 있으며 이번 작품인 《다름》은 배낭여행 중 떠오른 생각을 그림책으로 만든 것입니다.

미안

당신에게 가 닿을 수 없다

박남철 글·그림

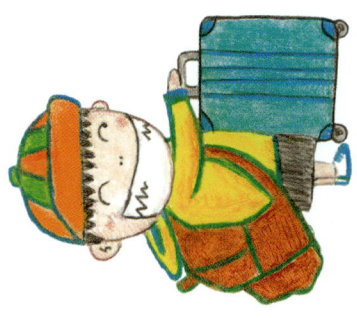

답다

지금 여기 말고
다른 곳으로 떠나고 싶다고?

그럼 떠나기 전에
내 이야기를 좀 들어 볼래?
이건 다름에 대한 이야기야.

내가 그린란드에서
이누이트족 친구를 만나 빰을 때리면
그 아이는 웃으며 내 빰도 때릴 거야.
너는 화내지 않고
모두와 인사할 수 있겠니?

인도에서는 오른손으로 밥을 먹어도
아무 문제 없을 거야.
대신 왼손으로 밥을 먹겠다고 하면
사람들이 너를 말리겠지.

호주에서 사진을 찍을 때
손등을 보이며 브이를 하면
사진을 찍어 주던 사람은
화를 낼 거야.

케냐의 마사이족과 인사할 땐
내가 침을 뱉겨도 괜찮아. 대신에 그들도 웃으며
내 얼굴에 침을 뱉길 거야.

그리스에서 만난 친구에게
손바닥을 내밀면 친구의 얼굴이
빨갛게 달아오를 거야.

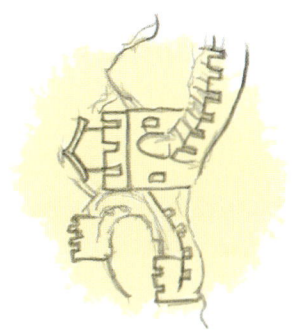

중국에서는 생신 머리가
가장 나이 든 사람을 향하지 않았다면
그 사람은 무척 화를 낼 거야.

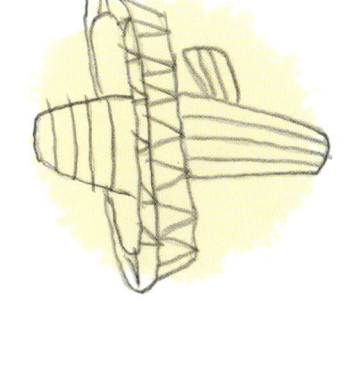

멕시코에서 만난 할머니에게
노란색 꽃을 선물하면
할머니는 벼락 화를 낼 거야.

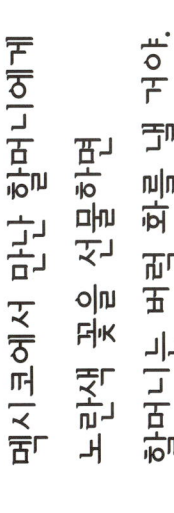

엄마가 너에게
엄지를 들어서 칭찬해 주면
너는 기분이 좋겠지만

엄마랑 이런에 간다면
아무리 멋진 친구를 만나더라도
절대로 그렇게 칭찬하지
말라고 이야기해 줘.

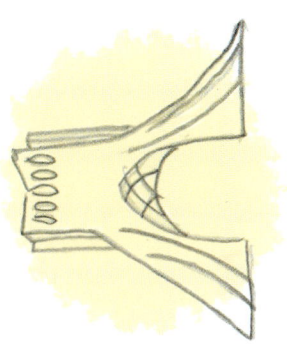

가족들과 밥을 먹을 때
엄마가 맛있는 반찬을
젓가락으로 집어 주기도 하지만

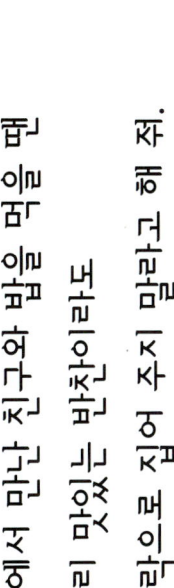

일본에서 만난 친구와 밥을 먹을 땐
아무리 맛있는 반찬이라도
젓가락으로 집어 주지 말라고 해 줘.

내가 식당에서 트림을 하면
사람들이 눈치를 주겠지만

사우디아라비아에서
밥을 먹고 트림을 하면
내게 요리를 해 준 사람이
기뻐할 거야.

일본(도쿄)
오후 3시 30분

중국(베이징)
오후 2시 30분

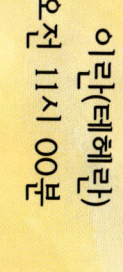
이란(테헤란)
오전 11시 00분

케냐(나이로비)
오전 9시 30분

사우디아라비아(리야드)
오전 9시 30분

조금은 다르지만
모두 틀림없는
지금 이 순간이야.

중문 지방에 사는 **이누이트족**은 인사를 할 때, 상대의 뺨을 치거나 코를 비비며 '부텐니'라고 말해요. 뺨을 세차게 때렸다면 그만큼 반갑고 환영한다는 뜻이에요.

아프리카의 **마사이족**의 인사는 상대방의 얼굴에 침을 뱉는 것이라고 해요. 예전부터 마사이족에게는 물이 부족했어요. 그 때문에 물에 있는 수분 또한 귀하게 여겼어요. 그래서 자연스럽게 침을 뱉는 행동은 귀한 것을 나눈다는 의미가 되었다고 해요.

그리스에서는 우리가 상대에게 손바닥을 내밀어 손뼉을 마주치는 하이파이브 동작을 함부로 하면 안 돼요. 상대방의 얼굴을 향해 손바닥을 보이는 이 행동을 그리스 말로 '모운자'라고 하는데, 이 행동은 '나는 당신에게 화가 났다.', '나는 당신에게 모욕을 주겠다.'라는 뜻이래요.

인도에서는 대개 숟가락 같은 도구 대신, 오른손을 이용해서 밥을 먹어요. 하지만 왼손으로 밥을 먹으면 안 돼요. 왼손은 청결한 일을 하는 데에 쓰인다고 해서 인도 사람들은 보통 화장실에서 볼일을 보고 휴지 대신 왼손을 이용해서 뒤처리를 하거든요.

중국에서 밥을 먹을 때 생선 요리가 있다면 생선의 머리는 항상 가장 연장자나 지위가 높은 사람을 향해 있어야 해요. 중국에서 물고기는 '남다'는 뜻의 '유'와 발음이 같아 부귀 재물을 상징하지요. 그래서 생선 머리도 나온다 빗살 밥을 향해도록 두는 게 예의라고 해요.

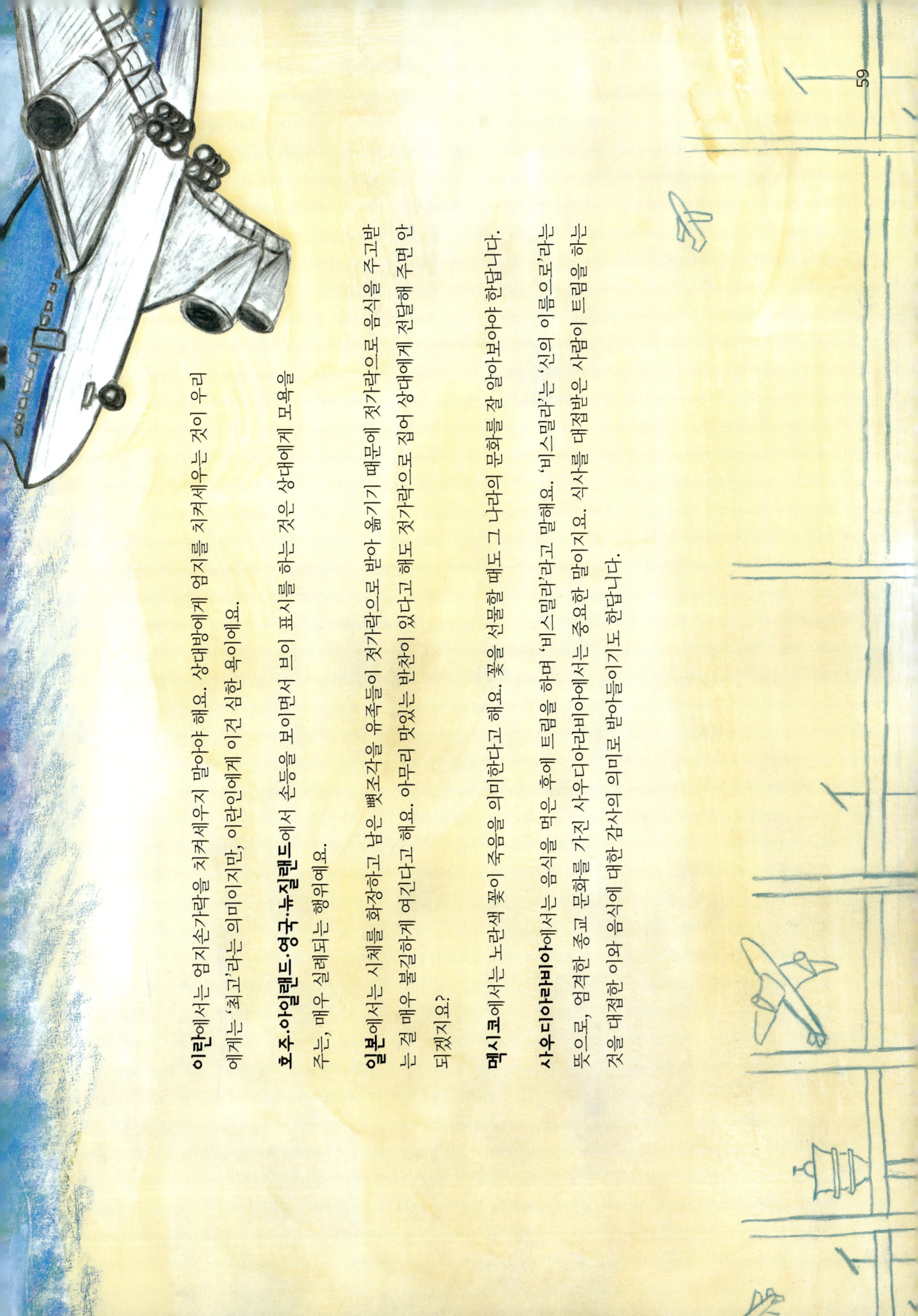

이란에서는 엄지손가락을 치켜세우지 말아야 해요. 상대방에게 엄지를 치켜세우는 것이 우리에게는 '훌고'라는 의미이지만, 이란인에게 이건 심한 욕이에요.

호주·아일랜드·영국·뉴질랜드에서 손등을 보이면서 브이 표시를 하는 것은 상대에게 모욕을 주는, 매우 실례되는 행위예요.

일본에서는 시체를 화장하고 남은 뼛조각을 유족들이 젓가락으로 받아 옮기기 때문에 젓가락으로 음식을 주고받는 걸 매우 불길하게 여긴다고 해요. 아무리 맛있는 반찬이 있다고 해도 집어 젓가락으로 집어 상대에게 전달해 주면 안 되겠지요?

멕시코에서는 노란색 꽃이 죽음을 의미한다고 해요. 꽃을 선물할 때도 그 나라의 문화를 잘 알아보아야 한답니다.

사우디아라비아에서는 음식을 먹은 후에 트림을 하며 '비스밀라'라고 말해요. '비스밀라'는 '신의 이름으로'라는 뜻으로, 엄격한 종교 문화를 가진 사우디아라비아에서는 중요한 말이지요. 식사를 대접받은 사람이 트림을 하는 것을 대접한 이와 음식에 대한 감사의 의미로 받아들이기도 한답니다.

다름 다르지만 같은 우리

초판 1쇄 발행 2017년 10월 23일
초판 8쇄 발행 2024년 5월 10일

글 · 그림 박규빈

편집장 천미진 • 편집 최지우, 김현희 • 디자인 최윤정 • 마케팅 한소정 • 경영지원 한지영

펴낸이 한혁수 • 펴낸곳 도서출판 다림 • 등록 1997. 8. 1 제1-2209호
주소 07228 서울시 영등포구 영신로 220 KnK 디지털타워 1102호
전화 02-538-2913 • 팩스 070-4275-1693 • 블로그 blog.naver.com/darimbooks
다림 카페 cafe.naver.com/darimbooks • 전자우편 darimbooks@hanmail.net

©2017 박규빈
ISBN 978-89-6177-153-5 77810

이 책 내용의 일부 또는 전부를 재사용하려면 반드시 저작권자와 도서출판 다림의 서면 동의를 받아야 합니다.
책값은 뒤표지에 표시되어 있습니다.

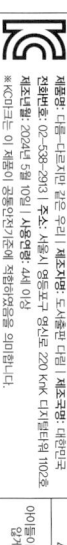

제품명: 다름-다르지만 같은 우리 | 제조자명: 도서출판 다림 | 제조국명: 대한민국
전화번호: 02-538-2913 | 주소: 서울시 영등포구 영신로 220 KnK 디지털타워 1102호
제조년월: 2024년 5월 10일 | 사용연령: 4세 이상
※ KC마크는 이 제품이 공통안전기준에 적합하였음을 의미합니다.

△ 주의
아이들이 도서 모서리에 다치지 않게 주의하세요.

할머니의 생일에 노란색 꽃을 선물하면
할머니는 소녀처럼 환하게 웃겠지만

네가 생선을 먹을 때
생선 머리가 어디로 향하든
사람들은 맛있게 먹겠지만

친구와 서로 마음이 통했을 때
손바닥을 내밀면 친구가 멋지게
하이파이브를 해 주겠지만

네가 사람들에게 침을 튀기며 인사하면
상대방이 불쾌해하겠지만

네가 사진을 찍을 때
이렇게 브이 표시를 해도
사람들은 웃으며 사진을 찍어 주겠지만

네가 숟가락 대신 오른손으로
밥을 먹겠다고 하면 혼나겠지만